Spielerisch Deutsch lernen

Schwungübungen

Lernstufe 1

Autoren: Marian Ardemani / Ulrich Schneider-Struben
Illustration: Irmtraut Teltau

Hueber Verlag

Das Werk und seine Teile sind urheberrechtlich geschützt.
Jede Verwertung in anderen als den gesetzlich zugelassenen
Fällen bedarf deshalb der vorherigen schriftlichen Einwilligung
des Verlags.

Hinweis zu § 52a UrhG: Weder das Werk noch seine Teile
dürfen ohne eine solche Einwilligung überspielt, gespeichert
und in ein Netzwerk eingespielt werden. Dies gilt auch für
Intranets von Firmen, Schulen und sonstigen
Bildungseinrichtungen.

Eingetragene Warenzeichen oder Marken sind Eigentum des
jeweiligen Zeichen- bzw. Markeninhabers, auch dann, wenn
diese nicht gekennzeichnet sind. Es ist jedoch zu beachten,
dass weder das Vorhandensein noch das Fehlen derartiger
Kennzeichnungen die Rechtslage hinsichtlich dieser
gewerblichen Schutzrechte berührt.

3. 2. 1. | Die letzten Ziffern
2018 17 16 15 14 | bezeichnen Zahl und Jahr des Druckes.
Alle Drucke dieser Auflage können, da unverändert,
nebeneinander benutzt werden.
1. Auflage
© 2014 Hueber Verlag GmbH & Co. KG, München, Deutschland
Umschlaggestaltung: creative partners GmbH, München
Mit freundlicher Genehmigung
© 2013 Ravensburger Buchverlag Otto Maier GmbH, Ravensburg
Lern-Detektive – Schwungübungen – 1. Klasse Deutsch
Text: Mariam Ardemani / Ulrich Schneider-Struben
Illustrationen: Irmtraut Teltau
Umschlagillustration/Character: Loori
Printed in Germany
ISBN 978-3-19-179470-5

Inhalt

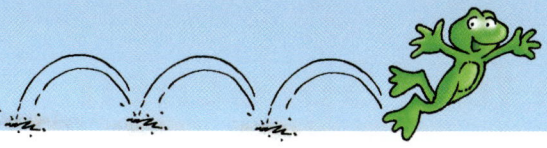

Vorwort in fünf Sprachen	■ 4
Vorwort	■ 6
Erklärungen und Tipps	■ 7
Schwungübung 1	■ 8
Schwungübung 2	■ 10
Schwungübung 3	■ 12
Schwungübung 4	■ 14
Schwungübung 5	■ 16
Schwungübung 6	■ 18
Schwungübung 7	■ 20
Schwungübung 8	■ 22
Schwungübung 9	■ 24
Schwungübung 10	■ 26

Karlo Konfetti Lara

Hallo, wir sind die Lern-Detektive und lösen gerne knifflige Aufgaben. Hilfst du uns, den Code am Ende des Heftes zu knacken?

Geometrische Formen	■ 28
Zackige Formen	■ 30
Runde Formen	■ 32
Auge-Hand-Koordination	■ 34
Wiederholung	■ 36
Knack den Code	■ 38
Profitest	■ 39
Lösungen und Auswertung des Profitests	■ 40

Vorwort in fünf Sprachen

Spielerisch Deutsch lernen – Schwungübungen – Lernstufe 1

→ Prepares children for writing
→ Aims to develop basic motor skills for handwriting and the training of fine motor abilities
→ Provides exercises with tracing lines, swings and sweeps, and exercises for completing shapes and patterns
→ Helps prepare children for a successful start at school
→ Helps children learn and discover with fun through playing!

Children who live in a German-speaking environment but whose mother tongue is not German, learn German as a second language. Our German language learning materials are especially designed for these children and offer a wealth of exercises to develop their knowledge of German. They will improve their language skills and enjoy themselves at the same time.

→ The materials thematize everyday situations that children are familiar with.
→ Each double page deals in a a game-based manner with a specific swing or shape for handwriting preparation.
→ The colourful and funny illustrations support a strategy of learning by playing.
→ Some of the exercises use a lot of movement and can be done in pairs or in a group.
→ Helps children acquire a good perception of shapes, sizes and distances.
→ A final test gives motivating feedback, secondary tips provide instructions for independent training.
→ To aid self-evaluation there is, at the back of the book, an answer key with the solutions to all the exercises.

Have fun and success with *Spielerisch Deutsch lernen*!

Aprender alemán jugando – Fichas de trazos – Nivel 1

→ Preparación previa al proceso de escritura
→ Objetivos de aprendizaje: la práctica de las nociones básicas psicomotores de la escritura, así como la ejercitación de la coordinación motriz fina
→ Trazado de líneas y de curvas, relleno de formas y figuras
→ Preparación para un comienzo escolar con éxito
→ ¡Aprender y descubrir de manera lúdica y divertida!

Los niños que viven en un entorno de habla alemana, no siendo ésta su lengua materna, aprenden el idioma como segunda lengua. Nuestros cuadernos de aprendizaje se dirigen a estos niños ofreciéndoles una amplia gama de ejercicios que les permiten desarrollar sus conocimientos y capacidades para aprender alemán de una manera lúdica y atractiva.

→ Los contenidos de aprendizaje del libro se presentan a través de situaciones de la vida cotidiana del niño y de sus propias experiencias.
→ En cada doble página se presentan y se practican de modo lúdico trazos y formas que sirve como preparación al proceso de escritura.
→ Las ilustraciones en color garantizan la motivación y la diversión al aprender.
→ Las tareas se completan mediante ejercicios de kinesiología y ejercicios en parejas.
→ Con las actividades se ejercita la percepción de formas, tamaños y distancia.
→ Además de un test de evaluación final, el cuadernillo contiene consejos para seguir practicando.
→ Al final del libro se incluye un apéndice con las soluciones de los ejercicios para el autocontrol.

¡Que te diviertas y que tengas mucho éxito con *Spielerisch Deutsch lernen*!

Spielerisch Deutsch Lernen – Ćwiczenia grafomotoryczne – Lernstufe 1

→ Jako przygotowanie do pisania
→ Cele nauczania: Opanowanie czynności pisania, szkolenie precyzji ruchów
→ Kreślenie linii i rysowanie szlaczków „po śladzie", dopełnianie form, konturów i wzorów
→ Jako przygotowanie do nauki szkolnej
→ Nauka i zdobywanie wiedzy w formie dobrej zabawy!

Osoby żyjące w niemieckojęzycznym otoczeniu, których językiem ojczystym nie jest język niemiecki, uczą się go jako „drugiego języka". Nasze podręczniki są przeznaczone dla dzieci i oferują im szeroki wachlarz ćwiczeń, poprzez które mogą one – w formie zabawy – optymalnie rozwijać znajomość języka niemieckiego.

→ Materiały zawarte w książkach dotyczą sytuacji, które znane są dzieciom z ich życia codziennego i związane są z ich przeżyciami.

- Na każdej podwójnej stronie książki znajdują się ćwiczenia takie jak: kreślenie form, linii, rysowanie szlaczków, które przygotowują dziecko – w formie zabawy – do nauki pisania.
- Kolorowe, dostosowane do wieku dziecka ilustracje motywują i rozbudzają ciekawość, gwarantując przy tym dobrą zabawę.
- Zadania uzupełnione są ćwiczeniami usprawniającymi motorykę oraz ćwiczeniami do pracy w parach.
- Wszystkie ćwiczenia szkolą zrozumienie form, wielkości i odstępów.
- Zeszyt zawiera oprócz testu końcowego wskazówki do dalszych ćwiczeń.
- Na końcu książki znajdują się rozwiązania do wszystkich ćwiczeń.

Życzymy dobrej zabawy oraz wielu sukcesów w nauce ze *Spielerisch Deutsch lernen*!

Изучение немецкого языка в игровой форме – увлекательные упражнения – Уровень 1

- Для подготовки к письму
- Учебные цели: моторный компонент письма и развитие тонкой моторики
- Соединение различных пунктирных линий, дополнение форм и рисунков
- Подготовка для успешного начала в школе
- Мотивирующее обучение в познавательной игре!

Люди, живущие в немецкоязычной среде, но с иным родным языком, учат немецкий как второй язык. Наши учебные тетради предназначены для детей и предлагают много различных упражнений, с помощью которых они в игровой и вдохновляющей форме могут оптимально совершенствовать и стимулировать свои знания второго языка.

- Учебное пособие включает ситуации, знакомые детям из их повседневной жизни, из мира их интересов и переживаний.
- На каждом развороте книги представлены определенные линии и формы для подготовки к письму в игровой форме.
- Красочные, соответствующие возрасту иллюстрации мотивируют и приносят массу удовольствия во время обучения.
- Задания дополняют кинезиологичные упражнения и упражнения для совместной работы. С восторгом учиться легче!
- С помощью упражнений дети учатся различать формы, размеры и расстояния.
- Кроме заключительного теста в тетрадь входят советы для дополнительного обучения.
- Для самоконтроля в конце книги предоставлены правильные ответы.

Удовольствия и успехов с *Spielerisch Deutsch lernen*!

Eğlenerek Almanca Öğrenme – Okul Öncesi Çizim / Yazı Etkinlikleri – Basamak 1

- Yazı yazmaya hazırlık
- Öğrenme hedefi: Yazı yazmak için temel motor becerileri ve ince motor becerilerinin pekiştirilmesi
- Çizgi ve dairesel hareketleri takip etme, form ve şekilleri tamamlama
- Okul hayatına başarılı bir başlangıç yapmak için ön hazırlık
- Oynayarak, eğlenerek öğrenme ve keşfetme

Alman dilinin kullanıldığı bir çevrede yaşayan, ancak anadilleri Almanca olmayanlar Almancayı ikinci bir dil olarak öğrenmektedirler. Çok çeşitli ve renkli alıştırmalarla dolu alıştırma kitapçıklarımız çocuklara uygun olarak hazırlanmıştır. Çocuklar alıştırma kitapçıklarındaki alıştırmalar sayesinde ikinci dildeki bilgi ve becerilerini merak ederek ve eğlenerek pekiştireceklerdir.

- Kitaplardaki konular çocukların günlük yaşantılarından, ilgi alanlarından ve yaşamlarından tanıdıkları durumları ele almaktadır.
- Çift taraflı her bir sayfada belli dairesel çizimler ve şekiller eğlenceli bir şekilde işlenmiştir ve çocuklara bu konuda alıştırma yapma imkanı sunulmuştur.
- Çocukların yaşına uygun renkli resimler, öğrenirken motivasyonu yüksek tutar ve eğlendirir.
- Kitaptaki alıştırmalar kinesiyolojik alıştırmalar ve eşli çalışmalarla pekiştirilmiştir.
- Alıştırmalar şekilleri, hacmi ve mesafeyi kavramayı öğretir.
- Kitapçığın sonunda verilen bitirme testinin yanı sıra nasıl daha fazla alıştırma yapılabileceğine dair öneriler sunulmuştur.
- Kitabın sonunda çocukların kendilerini kontrol edebilmeleri için bir cevap anahtarı bulunmaktadır.

Spielerisch Deutsch lernen kitabıyla iyi eğlenceler ve başarılar diliyoruz.

Vorwort

Liebe Eltern,

ganz besonders wenn es darum geht, das Schreiben zu lernen, gilt: Mit dem richtigen Schwung geht's leichter! Dieses Heft eignet sich für Kinder ab dem Vorschulalter und bereitet sie mit viel Spaß und abwechslungsreichen Übungen auf das Schreiben und einen erfolgreichen Schulstart vor. Die Schwungübungen als vereinfachte Schreibbewegungen helfen Ihrem Kind bei dieser Vorbereitung. Sie trainieren die Feinmotorik Ihres Kindes und vermitteln ihm auf spielerische Art und Weise ein Verständnis für Formen, Größen und Abstände – wichtige Voraussetzungen für das Schreibenlernen.

In jedem der vierzehn doppelseitigen Kapitel wird ein anderer Schwung oder eine Form spielerisch eingeführt und geübt. Zur Lockerung und Festigung empfiehlt es sich, für manche Übungen bestimmte Gegenstände bereitzuhalten (z. B. Streichhölzer, einen Teller). Eine Liste finden Sie auf der nächsten Seite.

Thematisch orientiert sich das Heft an der Erlebniswelt der Kinder (zu Hause, Tiere, Spiele, Urlaub, Farben etc.). Die Aufgaben werden durch kinesiologische Übungen und Partnerübungen ergänzt.

Nach einer kleinen Wiederholung können die Kinder am Ende einen Code knacken und einen Profitest machen. Die Auswertung sowie alle Lösungen befinden sich zur Selbstkontrolle auf der letzten Seite. Dies leitet behutsam zum selbstständigen Lernen an.

Für das Verständnis der Aufgabenstellung wäre das Vorlesen durch einen Erwachsenen hilfreich. Unterstützen Sie Ihr Kind beim Lernen, beantworten Sie Fragen und loben Sie es für seine Leistungen. Das stärkt das Selbstvertrauen und erhöht die Motivation zum Weiterlernen.

Viele Spaß mit *Spielerisch Deutsch lernen*!

Erklärungen und Tipps

Das brauchst du für manche Übungen:

- Bunte Stifte
- Weißes Papier, kariertes Papier und Pappe
- Kleber
- Kreide
- Streichhölzer
- Wolle
- Draht
- einen Teller
- einen Ring
- ein langes Seil (z. B. ein Hüpfseil)

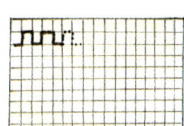

Der Kasten zeigt dir, wie du jeden Schwung weiterüben kannst:

1 Male die Form in die Luft: mit der rechten Hand, mit der linken Hand und dann mit beiden Händen (die Handflächen dabei aufeinanderlegen).

2 Lege die Form mit Wolle auf ein Blatt Papier. Klebe den Faden fest. Fahre ihn mehrmals nach, auch mit geschlossenen Augen.

3 Fahre die Form im Heft mit dem Finger nach.

4 Male die Form im Heft mit Bleistift oder Buntstift nach.

Aufgepasst: Die Aufgaben mit einer  sind etwas schwieriger.

Zu den Aufgaben mit der  findest Du die Lösungen auf Seite 40.

Schwungübung 1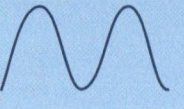

1 Detektiv Karlo fährt in den Ferien mit Konfetti ans Meer. Fahre die Wellen nach. Achte auf den Kasten rechts und lies die Erklärung auf Seite 1.

2 Karlo und Konfetti faulenzen am Strand. Male große Wellenlinien ins Meer.

Lege ein Seil aus und laufe die Linien auf dem Boden nach.

3 Karlos Handtuch hat ein buntes Muster.
Fahre jede Linie mit einem andersfarbigen Stift nach.

 Fahre das Wellenmuster auf den Seeschlangen nach.
Haben alle Schlangen das gleiche Muster?

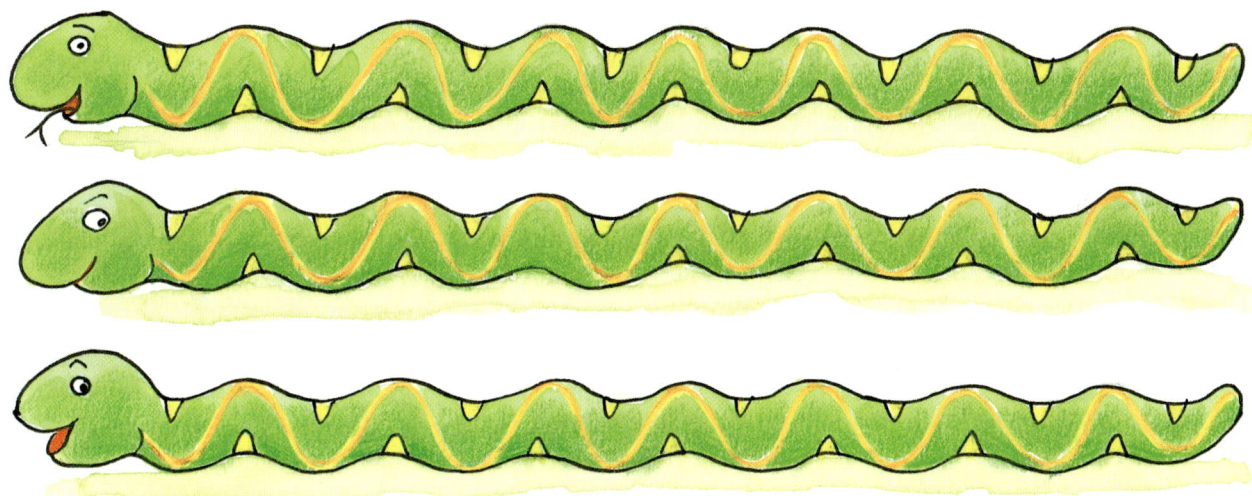

 Male die Formen weiter ohne abzusetzen.

Schwungübung 2

1 Hanna backt einen Kuchen. Sie füllt Mehl in eine Schüssel. Fahre die rote Linie der Schüssel nach. Male viele bunte U darauf. Achte auf den Kasten.

2 Schau dir die Küche genau an. Wie viele U findest du darin? Fahre alle U mit einem Stift nach.

 **3** Fahre die Linien der Schüsseln nach. Wie viele Schüsseln siehst du? Schätze erst und zähle dann.

 **Tipp** Stelle dir ein großes U vor und male es mit Straßenkreide im Freien auf den Boden. Jetzt kannst du die Form genau nachlaufen.

4 Male ein Haus mit großem Dach auf ein Blatt Papier. Zeichne nun so viele Dachziegel wie möglich ein.

 **5** Male die Formen weiter.
Achte darauf, dass alle Formen gleich hoch sind.

11

Schwungübung 3

1 Auf Konfettis Hundehütte setzt sich gern ein Vogel.
Fahre das Dach nach. Beachte den Kasten.
Male dann den Vogel bunt an.

2 Auch auf dem Gartenzaun hat es sich ein Vogel
bequem gemacht. Aber hier fehlen einige Spitzen.
Zeichne den Zaun fertig.

3 Lege mit Streichhölzern viele Spitzen hintereinander. Fahre sie mit deinem Finger in der Luft nach.

4 Wie viele Spitzen findest du im Bild? Suche sie und fahre sie mit einem Stift nach.

Male das Bild bunt aus.

5 Male die Formen weiter ohne abzusetzen.

Schwungübung 4

1 Lara möchte sich eine Uhr kaufen. Wie viele Uhren dieser Form kann sie im Laden entdecken?

Kreise alle runden Uhren ein.

2 Eine Uhr gefällt Lara besonders gut. Fahre die rote Linie mehrmals nach. Achte auf den Kasten.

3 Lege einen Teller auf ein Blatt Papier und umkreise ihn. Male in den Kreis ein lustiges Gesicht.

4 Fahre die Außenlinien nach und male die Uhren an.

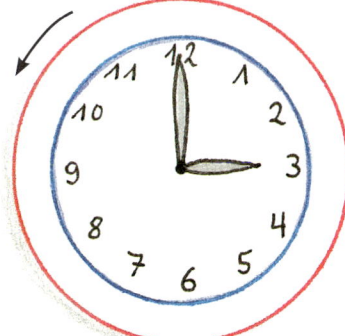 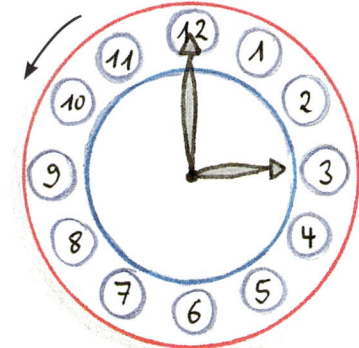 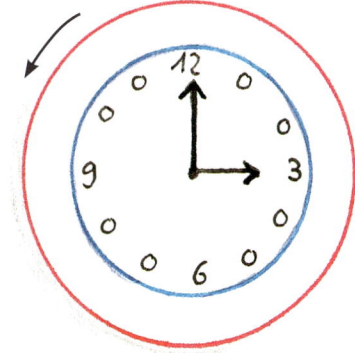

 5 Male die Form der Uhren nach.
Zwei gehen falsch. Findest du sie?

6 Lege einen Ring auf ein Blatt Papier und male damit Kreise. Male die Kreise bunt aus oder mache aus ihnen lustige Gesichter oder Tiere.

 **7** Male die Formen weiter.

Schwungübung 5

1 Heute ist ein großes Straßenfest. Bunte Fähnchen hängen an den Häusern. Fahre das große Fähnchen nach. Male ein Zackenmuster darauf.

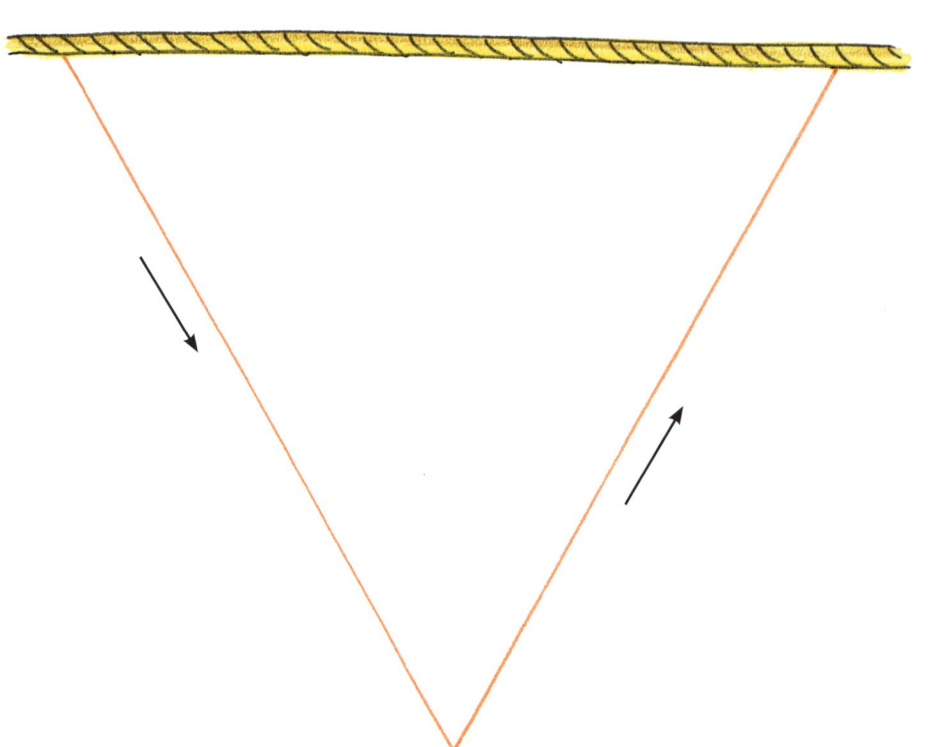

2 Wie viele blaue Fähnchen siehst du auf dem Bild? Zähle. Wo im Bild kannst du die Form noch entdecken?

3 Einige Girlanden sind noch nicht fertig. Male weiter und achte dabei auf die richtige Farbreihenfolge.

 **4** Karlo möchte zum Fest die Hose mit den meisten V anziehen. Welche ist es? Male diese Hose an.

 **5** Male die Formen weiter ohne abzusetzen.

Schwungübung 6

1 Karlo hat sich einen Teppich gekauft.
Er ist bunt und hat ein tolles Muster.
Fahre die Bögen des Teppichmusters nach.
Werde dabei immer schneller.

2 Zeichne das Muster von Karlos Teppich fertig.
Verwende dazu unterschiedliche Farben.

18

Tipp Du kannst ein Teppichmuster auch in Sand, Kies oder Erde zeichnen. Nimm hierfür einen Stock zu Hilfe.

3 Welche Schwungübungen kennst du nun schon? Lass dir die Formen durcheinander auf den Rücken zeichnen. Errate sie und zeichne sie nach.

4 Schau dir die Zeichnung genau an.
Male die einfachen Bögen blau, die doppelten rot und die dreifachen grün an.

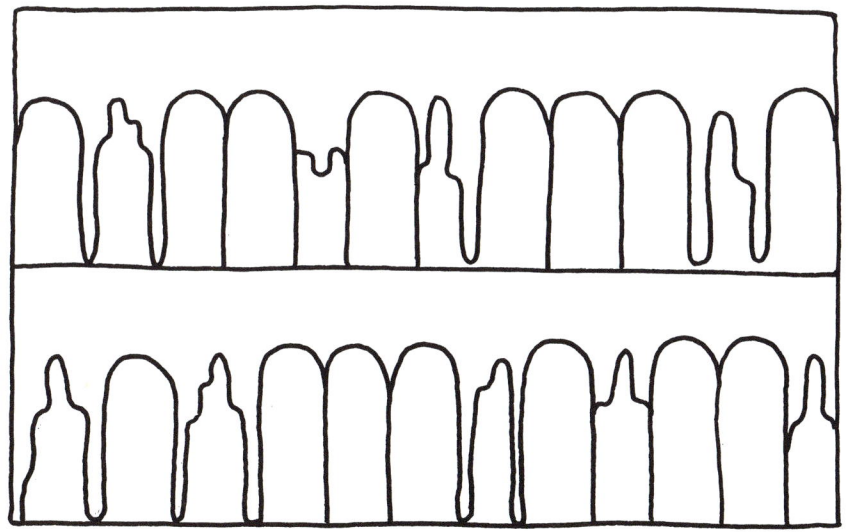

Wie viele Bögen einer Farbe siehst du?

5 Male die Formen weiter ohne abzusetzen.

Schwungübung 7

1 Karlo und Konfetti besichtigen eine alte Burg. Die hohe Mauer gefällt Konfetti besonders gut. Fahre den oberen Rand der Burgmauer nach. Achte dabei auf den Kasten.

Tipp Du kannst die Mauer auch mit einem Stück Draht nachlegen. Schließe dann die Augen und fahre den Draht mit dem Finger nach.

2 Fahre auch hier den oberen Rand der Mauer nach.

3 Male eine Burg mit einer großen Mauer auf ein Blatt Papier. Zeichne so viele ⨅⨅⨅ wie möglich ein.

4 Wie kommt Konfetti zum Burgbrunnen? Fahre den Weg mit dem Finger nach. Zeichne dann die Linie ohne abzusetzen mehrmals nach.

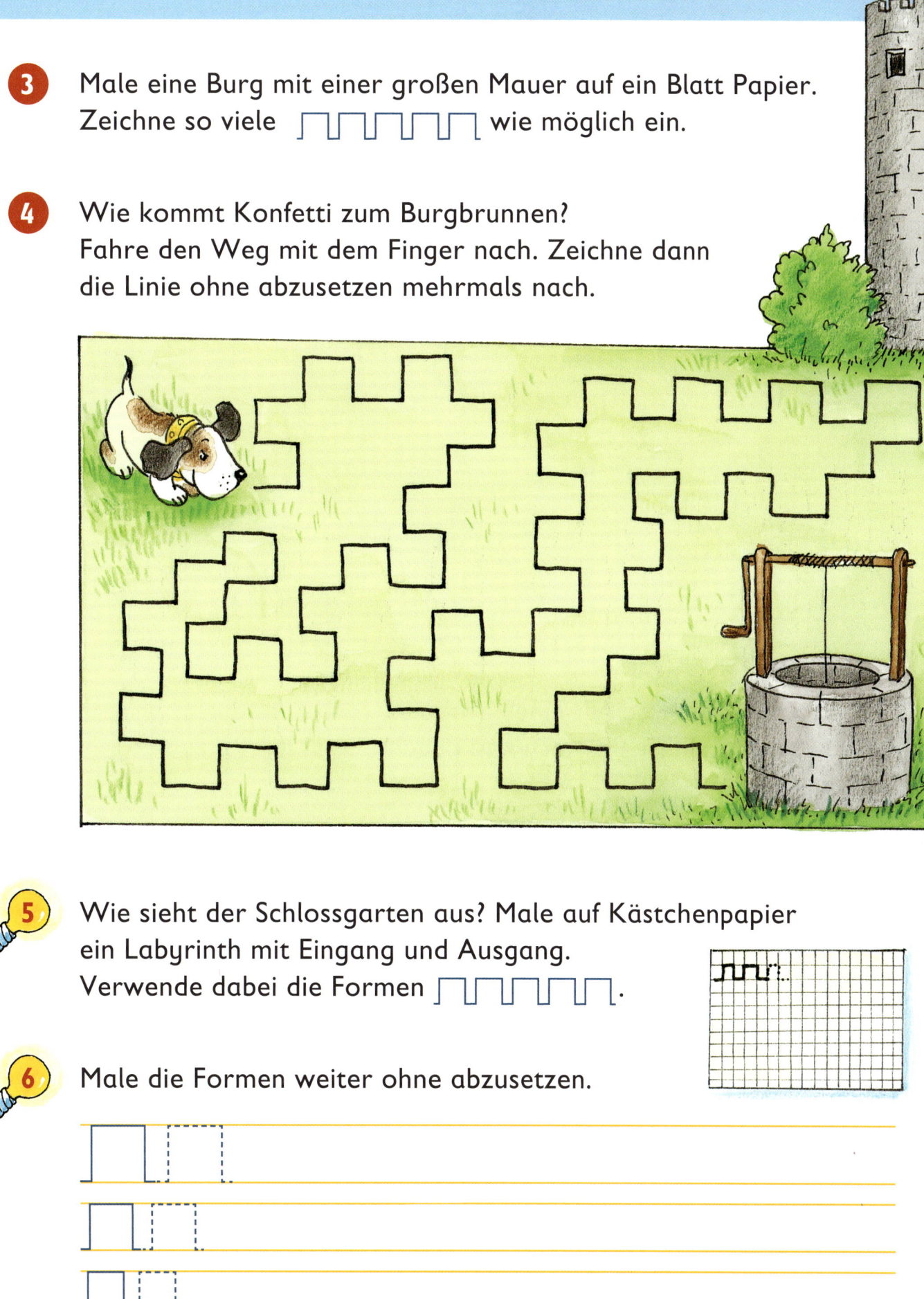

5 Wie sieht der Schlossgarten aus? Male auf Kästchenpapier ein Labyrinth mit Eingang und Ausgang. Verwende dabei die Formen ⨅⨅⨅⨅.

6 Male die Formen weiter ohne abzusetzen.

21

Schwungübung 8

1 Karlo löst einen Fall auf dem Bauernhof. Er muss dafür die Schweine zählen. Wie viele sind es? Male den Schweinen einen Ringelschwanz.

2 Das Schwein Eberhard hat einen schönen Ringelschwanz. Fahre ihn nach und beachte den Kasten.

3 Male die Schwünge innerhalb der Linien nach.
Schaffst du das, ohne die roten Linien zu berühren?

 Welcher Gegenstand vom Bauernhof hat sich hier versteckt?
Male die Felder mit ℓ aus.

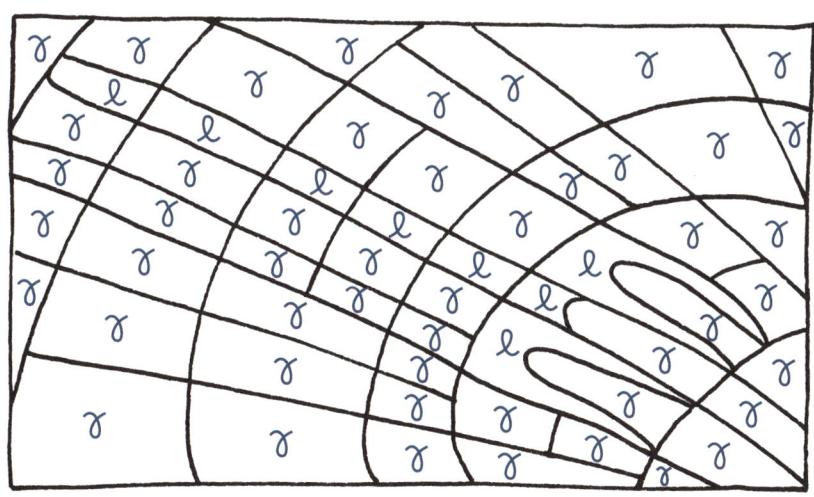

 Male weiter ohne abzusetzen.
Achte darauf, dass alle Formen gleich hoch sind.

Schwungübung 9

1 Tim hat seine elektrische Eisenbahn im Kinderzimmer aufgebaut. Fahre die Form der Schienen nach. Achte auf den Kasten.

2
a) Strecke beide Arme aus und lege die Handflächen aneinander.
Male die Form der Schienen in die Luft.
b) Laufe die Form im Zimmer.
c) Lass dir von einem Partner mit dem Finger verschiedene Formen auf den Rücken malen. Male auf Papier nach, was du gefühlt hast.

24

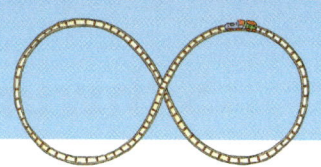

 **3** Wie oft siehst du die Form der Schienen hier?
Schau genau hin und fahre sie bunt nach.

4 Umfahre immer zwei Reißnägel so wie im Beispiel.

 **5** Male die Formen weiter.

25

Schwungübung 10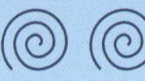

1 Karlo und Konfetti suchen beim Spazieren gern Schnecken. Sie finden die Häuser so schön. Fahre das Schneckenhaus nach. Beachte den Kasten.

2 Fahre die Schneckenhäuser so genau wie möglich nach. Sprich dazu den Vers: *Schneck, Schneck, komm heraus, komm heraus aus deinem Haus.*

Schaffst du es, genau zwischen die Linien zu malen?

 **3** Konfetti hat eine Schneckenfamilie entdeckt.
Fahre die einzelnen Schneckenhäuser nach.
Wie viele Blumen siehst du auf der Wiese?

4 Male mit einem dicken Stift eine Schnecke auf ein Stück Pappe. Schneide sie aus. Nimm dann bunte Wolle und klebe den Wollfaden genau in die Kurven des Schneckenhauses. Jetzt kannst du das Bild verschenken oder in deinem Zimmer aufhängen.

 **5** Zeichne die Formen so genau wie möglich nach.
Beachte: Die Schneckenhäuser werden immer schwieriger.

Geometrische Formen

1 Lara will ihre Freundin Hanna besuchen.
Hanna wohnt in einem Haus mit flachem Dach.
Es hat nur ein Fenster zur Straße. Welches Haus ist es?

2 Fahre die Dachformen nach.
Achte auf den Kasten.

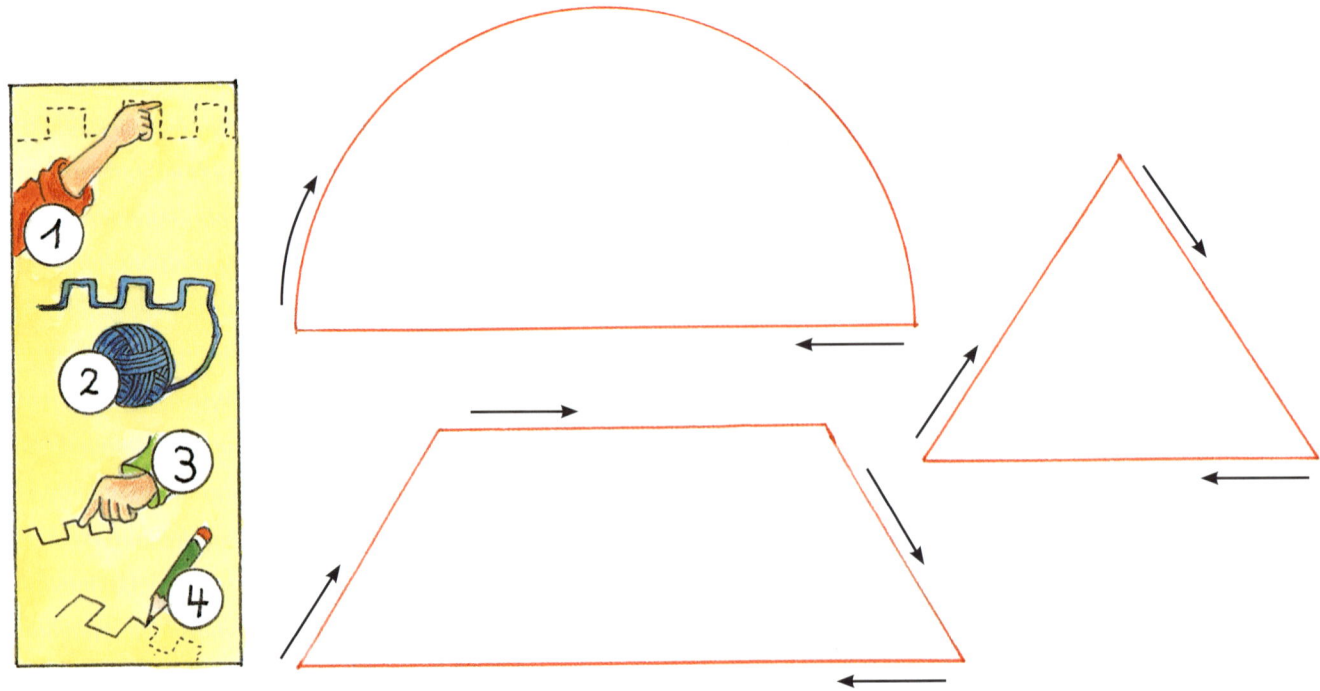

28

3 Male die Linien in Pfeilrichtung nach.
Beginne immer beim Punkt.

4 Zeichne auf die Häuser verschiedene Dächer.

 **5** Zeichne die Formen so genau wie möglich weiter.
Male sie dann bunt an.

Zackige Formen

1 Konfetti hat große Angst vor Gewitter.
Fahre die Blitze nach. Beachte den Kasten.

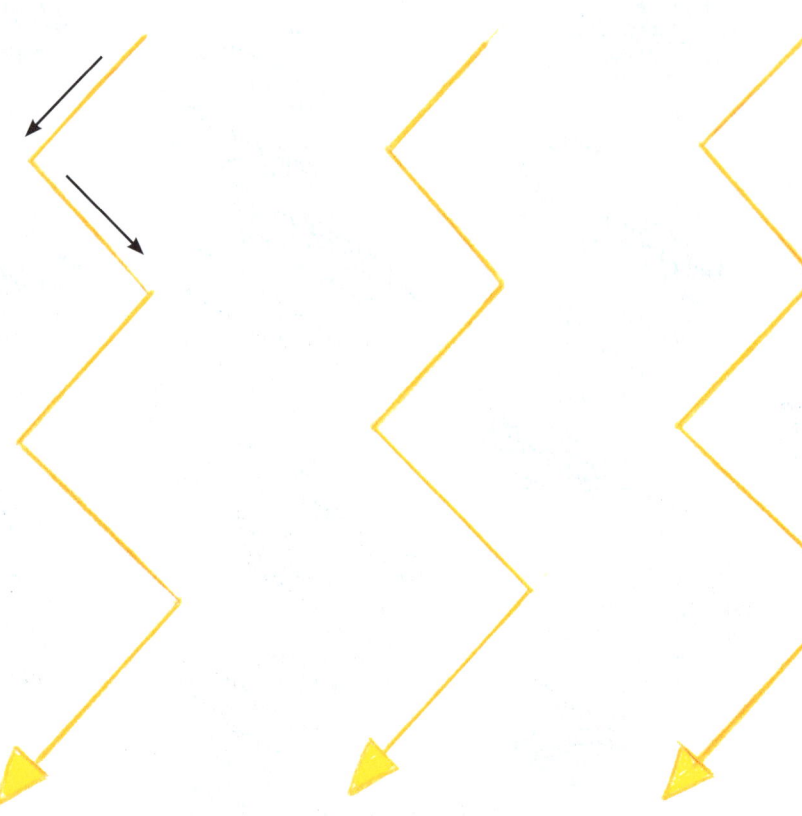

2 Karlo versucht Konfetti zu beruhigen, indem er ihm ein Blatt voller bunter Blitze malt. Hilfst du ihm?

3 Zeichne lange Blitze aus jeder Wolke.

4 Hier siehst du Buchstaben. Umkreise alle Buchstaben, in denen sich Zacken verstecken.

5 Zeichne ohne abzusetzen. In welcher Zeile hast du die meisten Zacken gemalt?

Runde Formen

1 Fahre die Blume nach. Achte auf den Kasten.

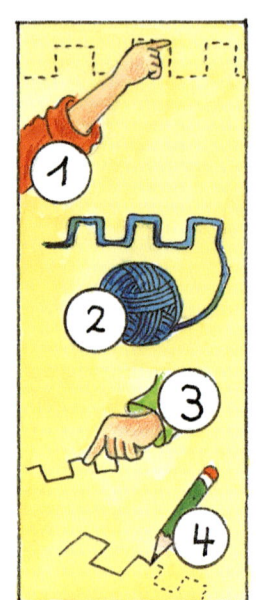

2 Fahre alle Blumen mit einem Stift nach.
Wie viele haben 6 Blütenblätter? Male sie an.

Tipp Suche dir einen Partner. Male ihm mit dem Finger verschiedene Blumen auf den Rücken. Errät er die Anzahl der Blütenblätter? Tauscht immer nach drei Blumen die Rollen.

 Schau genau hin: Wie viele Blumen findest du in diesem Bild? Male sie bunt an.

 Male die Formen weiter. Achte bei den Blumen auf die Anzahl der Blütenblätter.

Auge-Hand-Koordination

1 Fahre die Linien in beiden Flügeln gleichzeitig nach.
Achte auf die Pfeile und beginne bei der obersten Linie.
Male den Schmetterling anschließend an.
Achte auch hier auf den Kasten.

2 Kannst du auch mit beiden Händen gleichzeitig das Gleiche malen? Probiere es auf einem großen Blatt Papier oder mit zwei Stöcken im Sand.

3 Fahre die Muster mit zwei Stiften gleichzeitig von innen nach außen nach. Verziere den zweiten Schmetterling auch mit Mustern.

4 Wähle Muster aus Aufgabe 3 aus. Male sie mit Kreide auf den Gehweg. Male mit beiden Händen gleichzeitig.

5 Immer zwei Schmetterlinge wollen zu einer Blume. Fahre die Linien mit beiden Händen gleichzeitig nach. Zuerst mit dem Finger, dann mit dem Stift.

Wiederholung

1 Bemale die Vase mit verschiedenen Mustern. Verwende unterschiedliche Farben.

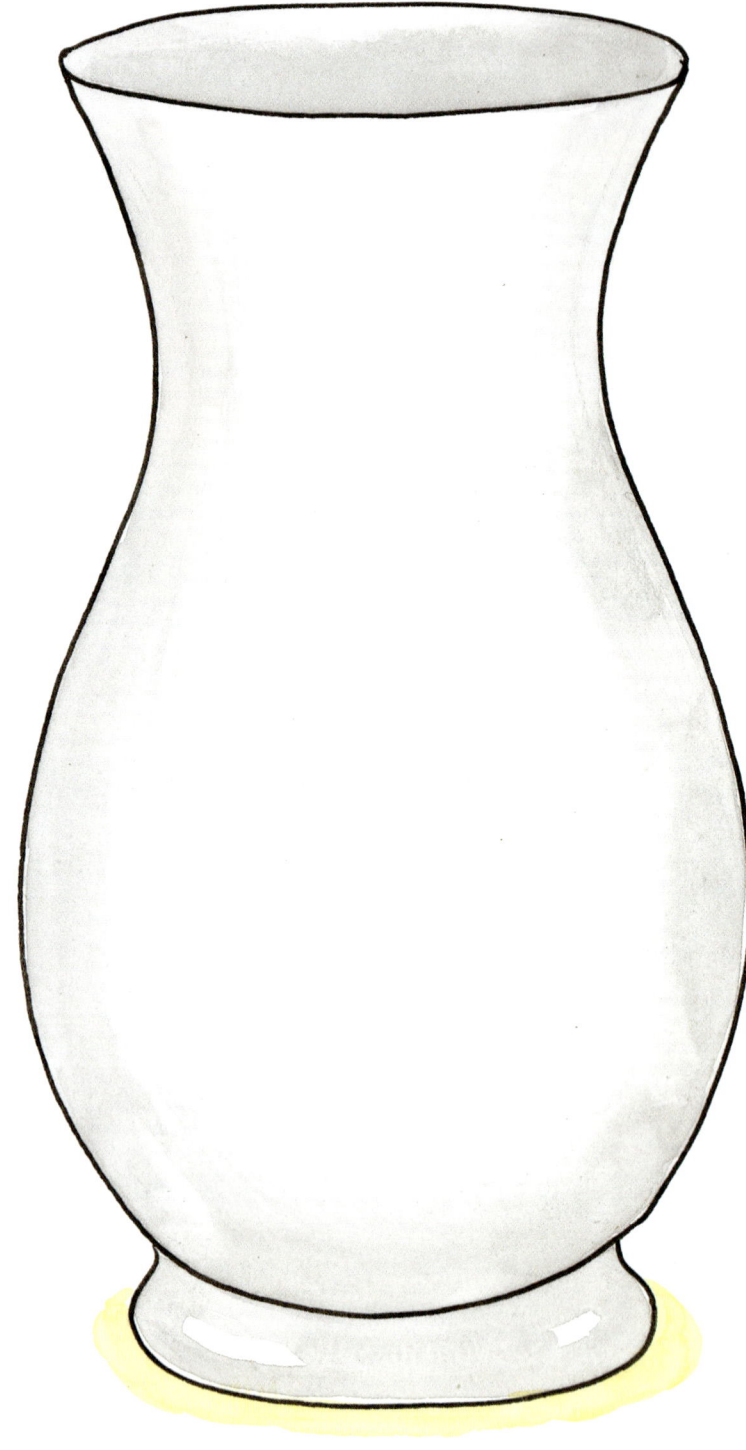

2 Fallen dir noch eigene Formen ein? Wenn auf der Vase noch Platz ist, male sie dazu.

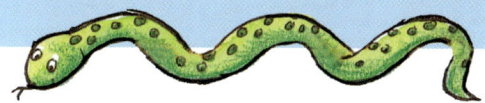

3 Male die Formen weiter.

4 So kannst du alle Formen weiterüben.

Große Formen malen:
a) Male die Formen in Groß mit einem Stock in den Sand.
b) Male die Formen in Groß auf ein Blatt Zeitung, auf ein Stück Tapete: Verwende Wasserfarben und dicke Pinsel, Fingerfarben oder Wachsmalkreiden in Blockform.

Formen raten:
Suche dir einen Partner.
Lass dir mit dem Finger Formen auf den Rücken malen.
Welche Form hast du erkannt?
Kannst du sie aufmalen?

Formen suchen:
Wo findest du solche Formen in deinem Zimmer, im Garten, im Park?
Wenn du magst, kannst du die Gegenstände, die du findest, nach der Form sortieren.

Formen laufen:
Laufe die Form auf dem Boden nach. Ein Fuß sollte dabei immer an den anderen stoßen.
Das kannst du auch einmal mit geschlossenen Augen versuchen. Stelle dir dabei die Form ganz genau in deinem Kopf vor.

Knack den Code

 Auf jeder Doppelseite ist eine kleine braune Lupe versteckt. Darin findest du jeweils ein Bild.
- Verbinde die Bilder der Reihe nach. Jetzt siehst du, worauf sich Konfetti schon freut.

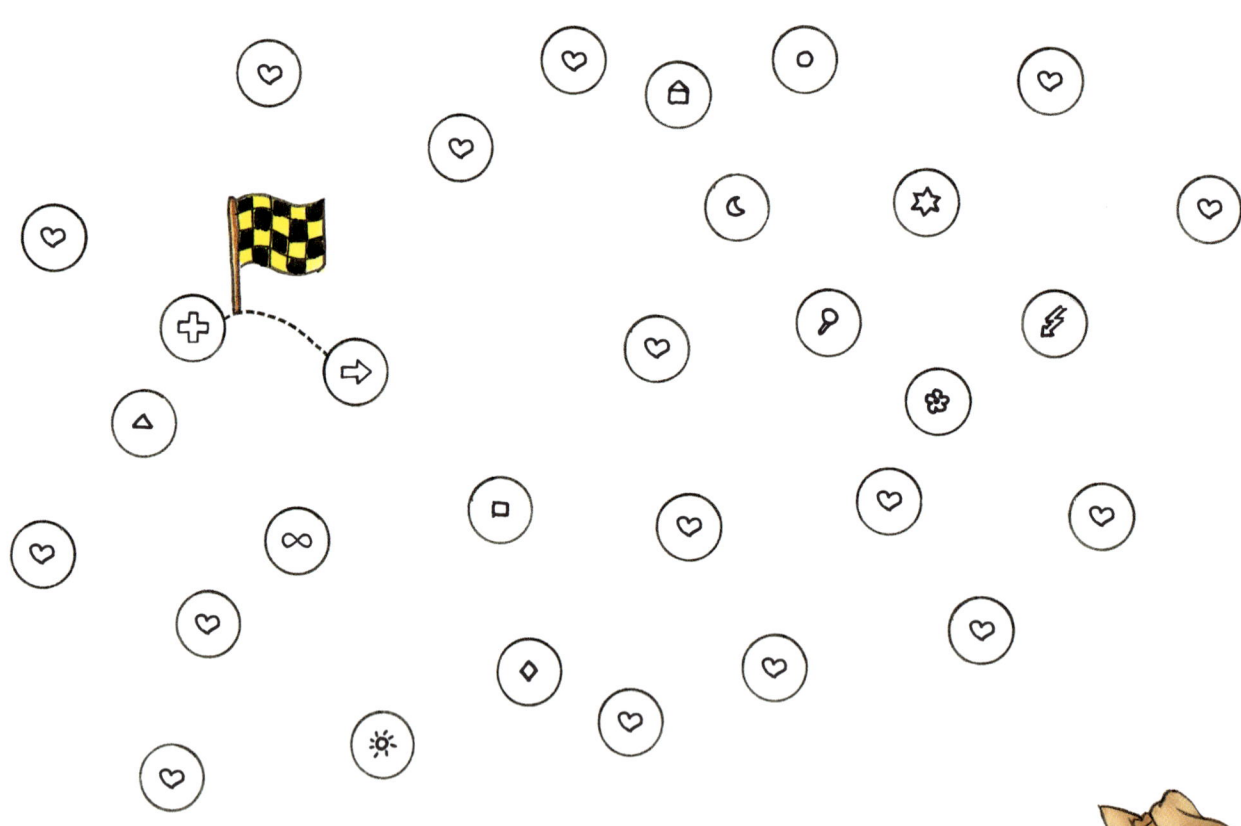

Hast du alle Aufgaben gelöst und das Lösungswort gefunden? Super! Dann bist du jetzt bereit für den Profitest auf der nächsten Seite! Viel Spaß!

Profitest

1 Male die Formen erst in die Luft und dann ins Heft.

1.
2.
3.
4.
5.

Für jede fertig gestellte Reihe bekommst du 2 Punkte.

2 Fahre die Form ohne abzusetzen 10-mal nach.

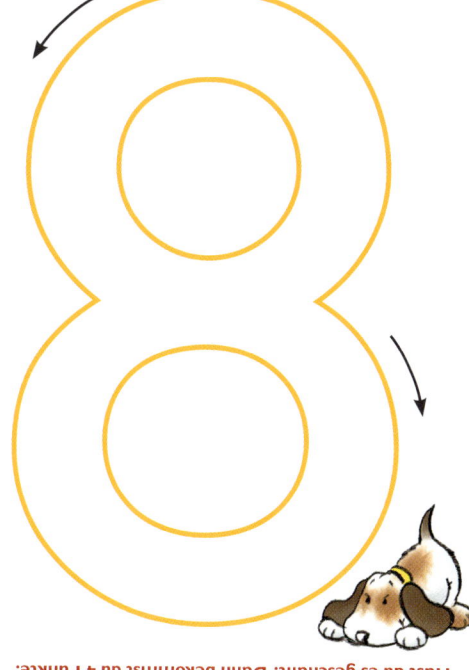

Hast du es geschafft? Dann bekommst du 4 Punkte.

3 Fahre die Schneckenhäuser mindestens fünfmal nach.

Für jedes richtig nachgefahrene Schneckenhaus bekommst du 2 Punkte.

4 Male die Formen weiter ohne abzusetzen.

1.
2.
3.
4.
5.
6.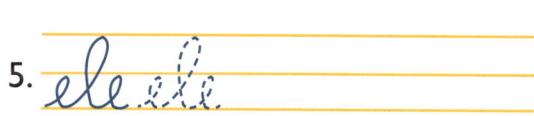

Für jede fertig gestellte Zeile bekommst du 2 Punkte.

39

Lösungen

Schwungübung 1 – Seite 8/9
④ Nein. Bei der zweiten Schlange fehlt ein gelbes Dreieck.

Schwungübung 2 – Seite 10/11
② Es sind mindestens sieben U.
③ Es sind zehn Schüsseln.

Schwungübung 4 – Seite 14/15
① Sie kann vier runde Uhren im Laden entdecken.
⑤ Ganz rechts oben und ganz links unten.

Schwungübung 5 – Seite 16/17
② Es sind 5 blaue Fähnchen. Das Verkehrsschild hat die Form eines V.
④ Hose 3 hat die meisten V.

Schwungübung 6 – Seite 18/19
④ 5 blaue, 2 rote, 2 grüne

Schwungübung 8 – Seite 22-23
① Es sind 7 Schweine.
④ Mistgabel

Schwungübung 9 – Seite 24/25
③ Es sind fünf.

Schwungübung 10 – Seite 26/27
③ Es sind 8 Blumen.

Geometrische Formen – Seite 28/29
① Das rote Haus.

Zackige Formen – Seite 30/31
④ M, W, Z, V, N

Runde Formen – Seite 32/33
② Es sind 5 Blumen mit 6 Blütenblättern.
③ Es sind 7 Blumen.

Knack den Code – Seite 38
Die Lösung ist „Knochen".

Auswertung des Profitests

32-27 Punkte
Super! Du bist ein Profi in Schwungübungen!

26-19 Punkte
Das hast du prima gemacht!

18-9 Punkte
Mit ein bisschen Übung klappt es bald noch besser.

8-0 Punkte
Mache noch ein paar Schwungübungen, dann klappt es sicher.